Las **maravillas** del **espacio exterior**

Connie Jankowski

Créditos de publicación

Rachelle Cracchiolo, M.S.Ed., *Editora comercial*
Emily R. Smith, M.A.Ed., *Vicepresidenta superior de desarrollo de contenido*
Véronique Bos, *Vicepresidenta de desarrollo creativo*
Dona Herwech Rice, *Gerenta general de contenido*
Caroline Gasca, M.S.Ed., *Gerenta general de contenido*

Autores colaboradores en ciencias

Sally Ride Science

Asesores en ciencias

Nancy McKeown
Geóloga planetaria
William B. Rice
Ingeniero geólogo

5482 Argosy Avenue
Huntington Beach, CA 92649
www.tcmpub.com

ISBN 979-8-7659-6066-0
© 2024 Teacher Created Materials, Inc.
Printed by: 51497
Printed in: China

Tabla de contenido

El espacio exterior 4

En la Antigüedad 6

¿Por qué explorar el espacio? 10

Viajar al espacio 12

Los peligros del espacio 18

Los Grandes Observatorios 20

¿Qué sigue ahora? 26

Apéndices 28

    Laboratorio: minivisor de constelaciones 28

    Glosario 30

    Índice 31

    Sally Ride Science 32

    Créditos de imágenes 32

El espacio exterior

¿Alguna vez te has detenido a mirar las estrellas? ¿Alguna vez te has preguntado si hay vida en otros **planetas**? ¿Alguna vez te has puesto a pensar sobre los inicios del **universo**? Si respondiste "sí" a alguna de estas preguntas, ¡tienes compañía!

Desde el comienzo de la historia, los seres humanos siempre han observado el cielo con curiosidad. Por eso se cree que la **astronomía**, que es el estudio de los planetas, las estrellas y las **galaxias**, es la ciencia más antigua.

Los **astrónomos** son los científicos que estudian el espacio. Hace mucho tiempo, los astrónomos pensaban que la Tierra era el centro del universo. Creían que todos los demás planetas y estrellas giraban alrededor de la Tierra.

Un astrónomo usa un telescopio para observar objetos del espacio.

Ahora sabemos que la Tierra es apenas una parte muy pequeña del universo. Es solo uno de los ocho planetas de nuestro **sistema solar**. El sistema solar, a su vez, es solo una pequeña parte de nuestra galaxia, que se llama la **Vía Láctea**. ¡El espacio exterior está formado por miles de millones de galaxias y billones de estrellas!

El universo sigue creciendo

¿Cuán grande es el espacio exterior? Nadie lo sabe con certeza. Hace quinientos años, se creía que era apenas más grande que la Tierra. Los científicos ahora saben que es mucho más grande de lo que cualquiera se habría imaginado. Con la tecnología moderna, los científicos descubrieron que el universo sigue expandiéndose en todas las direcciones.

La Vía Láctea es una galaxia espiral.

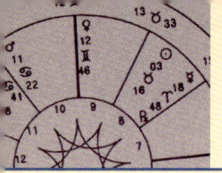

En la Antigüedad

Las personas siempre han sentido fascinación por el espacio. En la Antigüedad, empezaron a notar patrones en el cielo. Observaron que los cuerpos celestes parecen moverse de forma regular. Notaron que el sol sale por el este y se oculta por el oeste. Observaron que, cuando empezaba a oscurecer, aparecían unos puntitos de luz en el cielo. La mayoría de esas luces eran estrellas. Las que parecían moverse eran planetas.

Estos movimientos en el cielo ayudaban a las personas a llevar un registro del tiempo. Ayudaban a los viajeros a encontrar el camino. Incluso ayudaban a los agricultores a decidir cuándo plantar y cosechar los cultivos. Los seres humanos comenzaron a escribir lo que observaban. Y así nació la astronomía.

Por supuesto que los primeros astrónomos no sabían que el espacio existía mucho más allá de lo que el ojo humano puede ver. En aproximadamente 450 a. e. c., los astrónomos griegos comenzaron a usar las matemáticas para estudiar los movimientos de los planetas y medir el tamaño de la Tierra, el Sol y la Luna.

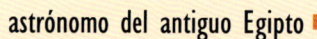

astrónomo del antiguo Egipto ➡

¿Astrología o astronomía?

Algunas culturas antiguas creían que la posición de las estrellas y de los planetas era una señal de lo que sucedería en la Tierra. La usaban para predecir guerras, momentos de buena fortuna, nacimientos y hasta la muerte. Este sistema de creencias se llama **astrología**. Muchas personas confunden la astronomía con la astrología. Pero son muy distintas. Hay pocos científicos que siguen creyendo en la astrología. Sin embargo, se descubrió que algunos astrólogos antiguos eran muy hábiles para identificar los movimientos y la posición de las estrellas y los planetas.

Los doce signos del zodíaco formaron la base de la astrología y, hasta cierto punto, la astronomía.

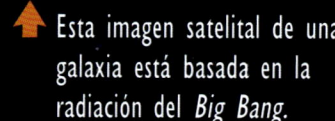

Esta imagen satelital de una galaxia está basada en la radiación del *Big Bang*.

El *Big Bang*

El universo es un espacio inmenso que contiene todo lo que existe, desde el grano de arena más pequeño hasta la galaxia más grande. Una de las preguntas más elementales que los seres humanos se hacen desde hace mucho tiempo es: "¿Cómo comenzó el universo?".

La mayoría de los científicos creen que el universo comenzó con una gran explosión: el ***Big Bang***. La teoría del *Big Bang* dice que, hace unos 13,700 millones de años, el universo surgió de repente. Al principio era muy pequeño, pero desde el primer momento comenzó a expandirse. Con el *Big Bang* se esparció la **materia** que formó las estrellas, los planetas y todo lo que hay en el universo.

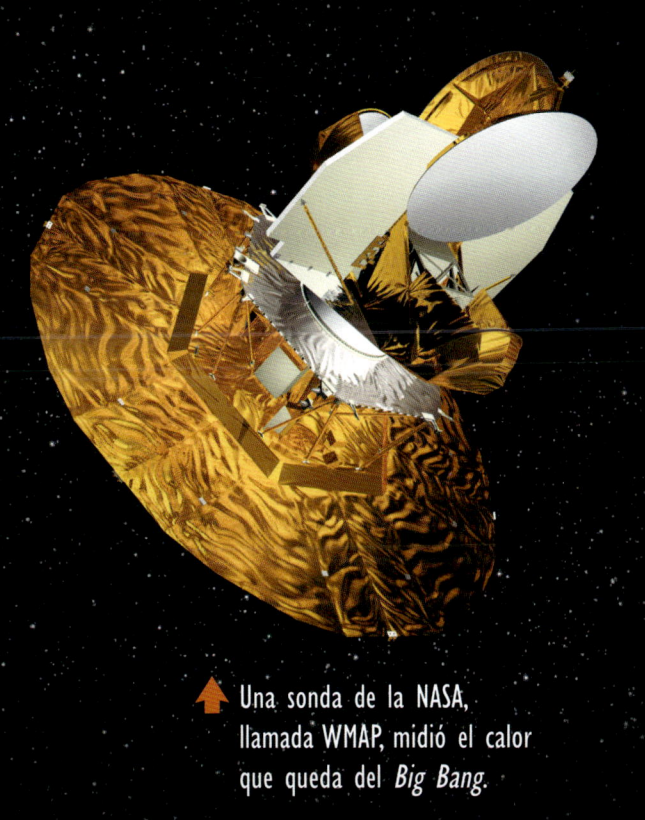

¿Sabías que es posible que la interferencia en los televisores antiguos se explique por el *Big Bang*? Los científicos dicen que los bajos niveles de microondas que se encuentran en el espacio se deben a la radiación causada por el *Big Bang*.

▲ Una sonda de la NASA, llamada WMAP, midió el calor que queda del *Big Bang*.

El espacio sigue expandiéndose hasta el día de hoy. Sin embargo, parece que cada vez lo hace de forma más lenta. La gravedad atrae la materia. Podría hacer que todo el universo vuelva a unirse. Los científicos no saben con seguridad si el universo dejará de expandirse o si seguirá haciéndolo para siempre. Algunos creen que, algún día, la gravedad vencerá y el universo comenzará a colapsar sobre sí mismo.

¿Por qué explorar el espacio?

Los humanos siempre han querido explorar lo que los rodea y aprender de ello. Comprender cómo comenzó el universo y saber si hay vida en otros planetas son dos de las razones por las que se estudia el espacio exterior. La astronomía también cambió la vida en la Tierra.

Los viajes espaciales han sido útiles en la medicina, la informática y el medioambiente. Estudiar cómo cambia el cuerpo de un astronauta en el espacio ayuda a tratar enfermedades aquí en la Tierra. Poder observar nuestro planeta desde el espacio nos permite ver el daño que está causando la contaminación en el medioambiente. Nuestro programa espacial podría ayudarnos a solucionar algunos de estos problemas en el futuro.

La flota de transbordadores espaciales hizo más de 100 misiones al espacio antes de que el programa se diera por terminado en 2011.

John Glenn se sube a su cápsula, Friendship 7. Glenn fue el primer estadounidense en orbitar la Tierra.

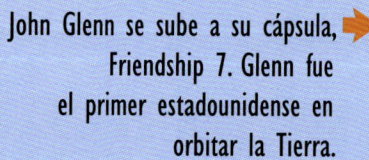

Ver el futuro

Cuando escuchas el pronóstico del tiempo, ¿te preguntas de dónde viene la información? Los **satélites** se usan para estudiar el estado del tiempo en la Tierra. Giran alrededor del planeta y nos envían señales y fotos. Pueden medir fenómenos como la velocidad del viento dentro de las nubes. Esas señales nos ayudan a predecir cómo estará el tiempo. Les permiten a los científicos monitorear huracanes y otras tormentas. Así, las personas pueden prepararse antes de la llegada de una gran tormenta. Se han salvado muchas vidas gracias a la información que brindan los satélites.

Es posible que algún día los satélites recolecten energía solar para usar en la Tierra.

Viajar al espacio

La era espacial comenzó en 1957, cuando la Unión Soviética lanzó el Sputnik 1, el primer satélite artificial. Cuatro años después, el **cosmonauta** soviético Yuri Gagarin fue la primera persona en volar una nave espacial.

Hoy, la mayor agrupación dedicada a la investigación espacial es la Administración Nacional de Aeronáutica y el Espacio (NASA, por sus siglas en inglés). Su misión Apolo 11 hizo que EE. UU. fuera el primer país en poner a una persona en la Luna. En 1969, el astronauta Neil Armstrong se convirtió en la primera persona que caminó en la Luna. Sus primeras palabras allí son famosas: "Es un pequeño paso para un hombre, pero un gran salto para la humanidad".

Luego, la NASA creó el **transbordador espacial**, una nave espacial que podía usarse varias veces. Desde 1981 hasta que el programa se dio por terminado en 2011,

Yuri Gagarin, ➡️
cosmonauta ruso

la flota de transbordadores espaciales hizo más de 100 vuelos exitosos. Por desgracia, dos tripulaciones se perdieron en trágicos accidentes.

En 1983, la **sonda espacial** Pioneer 10 se convirtió en el primer objeto artificial en salir del sistema solar. ¡Se había lanzado 11 años antes!

¡De la ficción a la vida real!

En programas de televisión como *CSI: Crime Scene Investigation*, los detectives usan la ciencia para resolver crímenes. La NASA creó una tecnología que les da a los detectives de la vida real las herramientas que necesitan. En el Centro Espacial Kennedy de la NASA, se creó un dispositivo para analizar un transbordador espacial después de estar expuesto a una tormenta de granizo. Calcularon la dimensión del daño con láseres. Los detectives pueden usar este dispositivo para estudiar la escena de un crimen.

En 1969, Neil Armstrong se convirtió en la primera persona en caminar en la Luna.

¿Por qué enviamos a personas y equipamiento al espacio? Toda misión comienza con objetivos. Hay dos tipos de misiones: **tripuladas** y no tripuladas.

Las misiones tripuladas llevan a personas al espacio. Los astronautas a bordo realizan experimentos allí. Más de 400 astronautas han ido al espacio. La mayoría de las misiones tripuladas se mantienen dentro de la **órbita** terrestre.

Las misiones no tripuladas usan naves espaciales dirigidas a distancia. ¿Por qué se lanzan naves espaciales sin personas a bordo? A veces es porque el riesgo para las personas es muy alto. Otras misiones no tripuladas son los satélites que orbitan la Tierra durante años. Algunos se usan en la comunicación y

La Estación Espacial Internacional usa vehículos no tripulados como este para llevarles a los astronautas las provisiones que necesitan.

la navegación. Las sondas espaciales salen de la órbita terrestre y no vuelven. Estudian estrellas, atmósferas y planetas lejanos.

Algunas misiones van a lugares tan lejanos que los seres humanos no sobrevivirían al viaje. Hemos enviado sondas no tripuladas a Marte, Venus, Júpiter, Saturno, Urano, Neptuno, Mercurio y **Plutón**. Sabemos que en estos planetas y el **planeta enano** no podríamos sobrevivir. ¡Así que exploramos desde lejos con vehículos no tripulados!

El centro de control monitorea tanto las misiones tripuladas como las no tripuladas.

Conoce a una astronauta

La Dra. Ellen Ochoa se convirtió en la primera astronauta latina en viajar al espacio en 1993. Desde 2012 hasta 2018, fue directora del Centro Espacial Johnson de la NASA, ubicado en Texas. ¡Ochoa estuvo en cuatro viajes espaciales y pasó más de 1000 horas en el espacio! Hoy en día escribe libros y ha patentado tres inventos.

Primera en el espacio

La primera mujer en viajar al espacio fue Valentina Tereshkova, de la Unión Soviética. Estuvo a bordo de la Vostok 6, que se lanzó en 1963. ¡Orbitó la Tierra 48 veces en 71 horas!

Nuestra base en el espacio

¿Sabías que hay un laboratorio flotando en el espacio exterior? De hecho, es uno de los objetos que más brilla en el cielo nocturno. Se trata de la Estación Espacial Internacional (EEI). Es como un hogar en el espacio. Los astronautas viven allí y realizan experimentos. Quince naciones trabajan juntas en este proyecto.

Siempre hubo por lo menos dos personas a bordo de la EEI desde que llegó la primera tripulación en 2000.

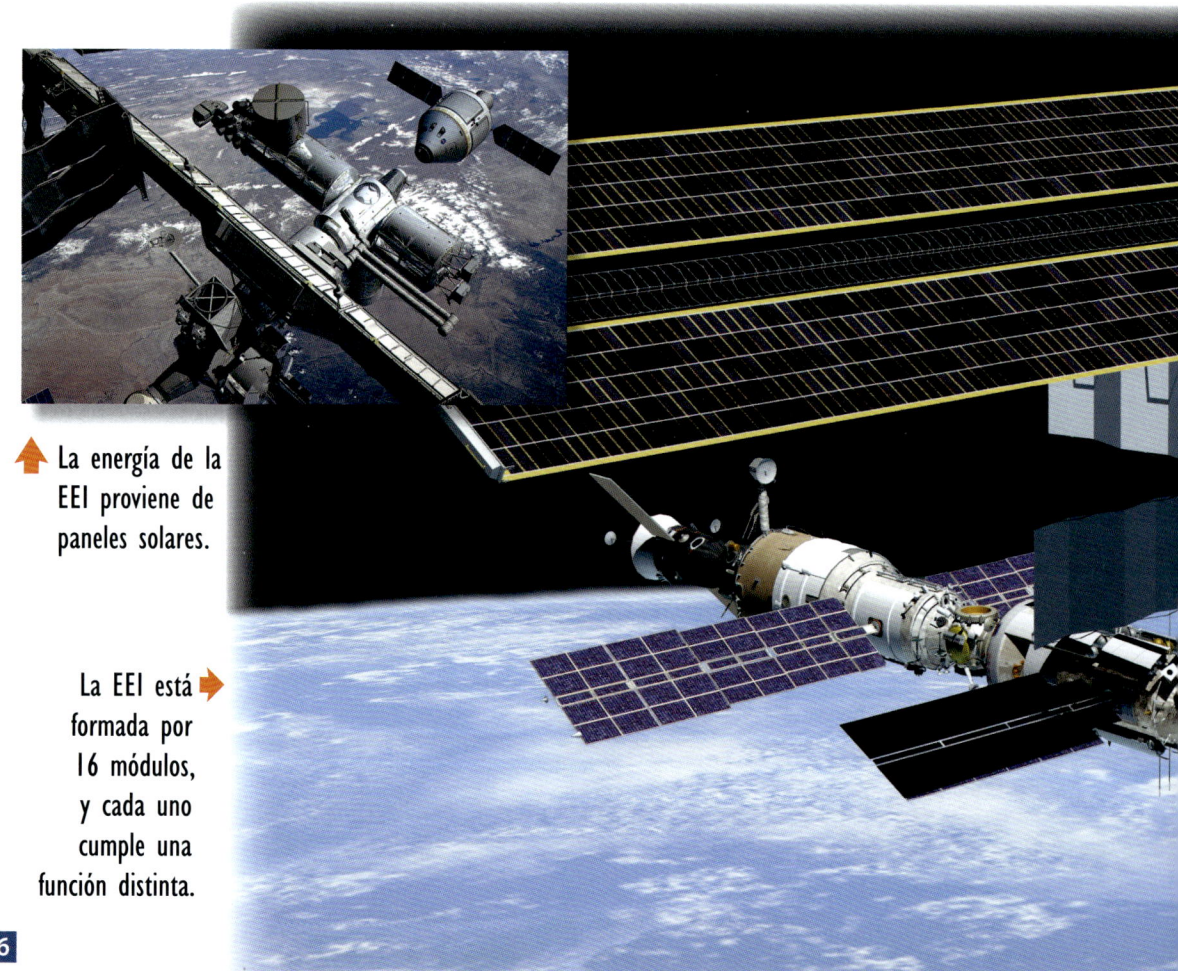

La energía de la EEI proviene de paneles solares.

La EEI está formada por 16 módulos, y cada uno cumple una función distinta.

La mayoría de los tripulantes se quedan unos seis meses. Realizan experimentos que solo pueden hacerse en el espacio. Observan el universo desde fuera de la **atmósfera**. Siempre tienen el apoyo de los científicos que están en la Tierra. Ellos monitorean su salud y ayudan con los experimentos. Algún día, la EEI podría funcionar como una plataforma de lanzamiento para misiones a otros planetas, como Marte.

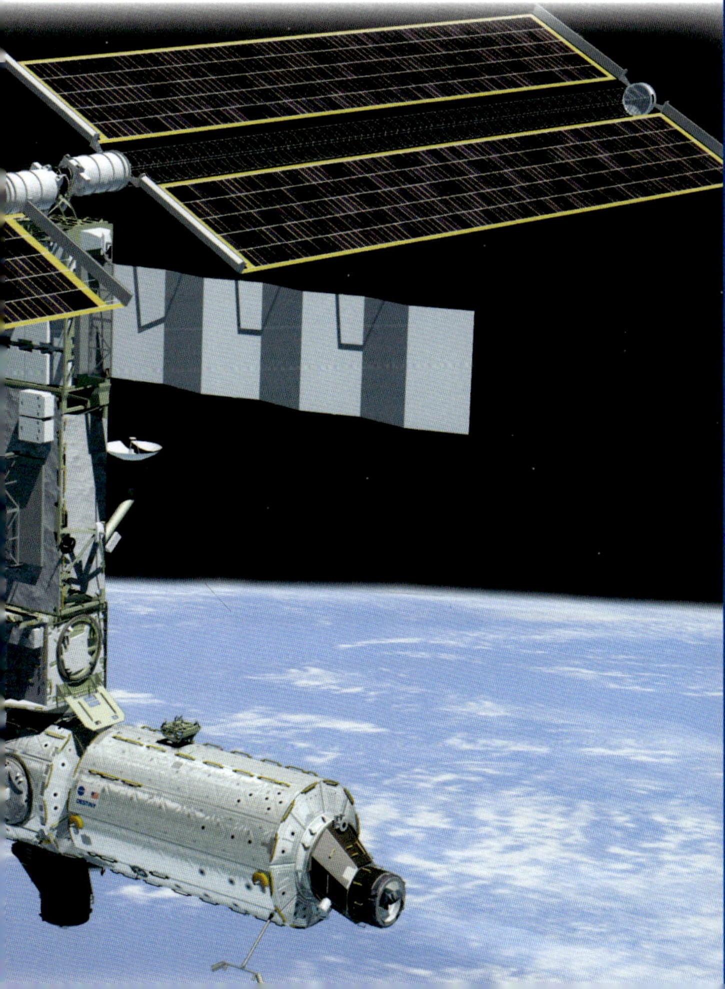

Unas vacaciones en las estrellas

En 2005, un estadounidense llamado Gregory Olsen pasó unas vacaciones que jamás olvidará. El adinerado científico pagó 20 millones de dólares para viajar en una cápsula espacial rusa a la Estación Espacial Internacional. Fue el tercer turista en visitar la estación.

Los peligros del espacio

El espacio es un lugar peligroso para las personas por muchas razones. No hay oxígeno, por lo que no podemos respirar. A la sombra de un planeta, las temperaturas son tan bajas que nos congelaríamos. Bajo la luz solar directa, nos freiríamos con el calor del Sol.

Los trajes espaciales les permiten a los astronautas llevar su medioambiente al espacio. Estos voluminosos trajes los protegen de la falta de oxígeno y del calor y el frío extremos. La nave espacial también los protege de los **rayos cósmicos** y otros tipos de radiación.

En el interior de la nave espacial, los astronautas no necesitan usar ninguna vestimenta especial una vez que alcanzan la órbita. La atmósfera dentro de la nave espacial puede controlarse. Los astronautas deben ponerse el traje espacial si quieren trabajar fuera de la nave. De otra manera, ¡no tendrían nada que respirar!

Cuando un astronauta trabaja fuera del ambiente seguro de su nave espacial, decimos que realiza una caminata espacial.

El traje espacial de la NASA se llama Unidad de Movilidad Extravehicular.

La comida en el espacio

Los astronautas tienen un menú completo del cual escoger. Pueden comer frutas y galletas saladas. Pueden calentar agua y cocinar pasta. Pueden comer galletas dulces para el postre. Los astronautas tienen un horno para calentar la comida, pero en el espacio no hay refrigeradores. Por eso, la comida que llevan está **liofilizada**. Además, la sal y la pimienta solo pueden usarse en forma líquida. Los astronautas no pueden echar sal y pimienta común en la comida. ¡Las especias se irían flotando! Eso se debe a que no hay gravedad dentro de la estación espacial.

Los Grandes Observatorios

Los **observatorios** tienen unos telescopios muy potentes que ofrecen impresionantes vistas del cielo desde la Tierra. Pero en la atmósfera terrestre hay nubes de gas y polvo que, a veces, obstruyen la vista. Entonces, la NASA envió telescopios al espacio que nos permiten ver mejor.

Estos telescopios que están en órbita son parte del programa **Grandes Observatorios** de la NASA. Sacan fotos de planetas, estrellas e incluso de la Tierra y luego nos las envían. ¡Los científicos pueden explorar el espacio exterior sin salir de casa!

El Observatorio de rayos X Chandra de la NASA fue preparado de esta manera para su viaje a la órbita a bordo de un transbordador espacial.

El telescopio espacial Hubble tomó esta imagen de la NGC 6751, o la Nebulosa del Ojo Brillante.

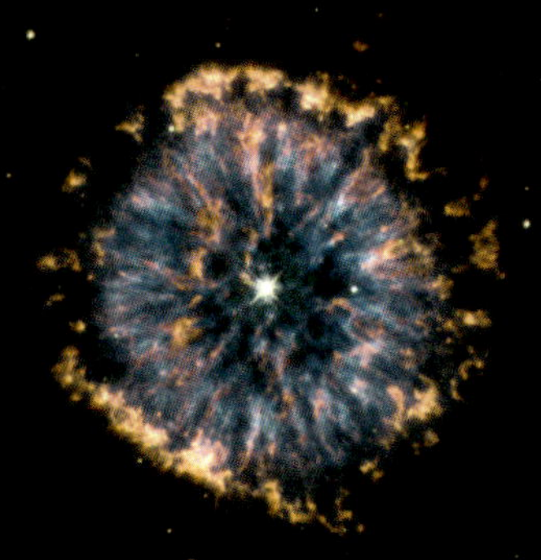

Telescopios flotantes

El **Observatorio de rayos gamma Compton** fue el segundo telescopio enviado al espacio. Se lanzó desde el transbordador espacial Atlantis en 1991. ¡Pesaba 17 toneladas! Ya completó su misión. Cayó en el océano Pacífico en 2000.

El tercer miembro de la familia de los Grandes Observatorios es el Observatorio de rayos X Chandra. Este telescopio observa objetos del espacio, como los **agujeros negros**. Los espejos del Chandra son los más grandes y más lisos jamás construidos.

▼ telescopio espacial Hubble

▲ Observatorio de rayos gamma Compton

El telescopio espacial Hubble fue el primero de cuatro telescopios que la NASA envió al espacio. Quizá también sea el más conocido. Se lanzó en 1990. Orbita la Tierra a más de 600 kilómetros (casi 400 millas) de distancia. Lo controlan científicos en Tierra. Las fotos que envía los ayudan a comprender muchos temas, como el nacimiento y la muerte de las estrellas, y cómo se formó la galaxia. Sus imágenes los ayudan a responder preguntas sobre el inicio del universo.

El telescopio espacial Spitzer de la NASA fue la cuarta y última pieza del programa Grandes Observatorios de la NASA. Se lanzó en 2003 y dejó de funcionar en 2020.

El telescopio espacial Spitzer detectaba la **luz infrarroja**. Así, los astrónomos pudieron ver a través de las nubes de polvo en el espacio. Además, los científicos pudieron encontrar estrellas muy jóvenes y sistemas solares nuevos.

imagen de la Vía Láctea tomada por el telescopio espacial Spitzer

Tanto brillo entre tanto polvo

Nuestra galaxia, la Vía Láctea, tiene mucho polvo. De hecho, tiene tanto polvo que no podemos ver el centro con luz común. El telescopio espacial Spitzer ayudó a los astrónomos a atravesar las nubes de polvo. Con él, pudieron ver más de 30 millones de estrellas en la parte interna de nuestra galaxia.

telescopio espacial Spitzer

El Spitzer fue el telescopio infrarrojo más grande que se envió al espacio. Se llamó así en honor al primer científico que sugirió enviar telescopios al espacio. Los telescopios como ese ayudan a hacer nuevos descubrimientos sobre el universo.

el archipiélago de Hawái
visto desde el espacio exterior

la isla de Hawái

Observar las estrellas desde las islas

Hawái es famoso por sus paisajes. ¡Y también es un lugar perfecto para ver las estrellas!

Muchos de los mejores observatorios de la Tierra están en Hawái. Es probable que también haya un observatorio cerca del lugar donde vives. Además, puedes visitar uno en línea.

¿Por qué Hawái es ideal para observar las estrellas? El aire seco y calmo brinda una vista despejada. Las grandes altitudes y las miles de millas de océano también ayudan. Como hay pocas luces de la ciudad cerca, el cielo es agradable y oscuro.

Observación de estrellas para principiantes

¿Cuál es el mejor lugar para observar las estrellas? Mientras más oscuro sea, ¡mejor! La luz es el mayor obstáculo para tener una vista despejada del cielo. Por eso, los mejores lugares para ver las estrellas están en las zonas rurales, lejos de las luces de la ciudad. La altitud también ayuda. Por eso, la mayoría de los observatorios están en la cima de alguna montaña.

Los telescopios gemelos Keck se construyeron sobre el volcán Mauna Kea, en Hawái. Desde la cima, los científicos observan el cielo. Pueden ver las partes más profundas del universo. Cada "gemelo" tiene una altura de ocho pisos y pesa unas 300 toneladas. El Mauna Kea no está activo. No entra en erupción. Por eso, es un buen lugar alto para poner un observatorio.

Los telescopios gemelos Keck se encuentran en el volcán Mauna Kea, en la isla de Hawái.

¿Qué sigue ahora?

¿Qué futuro le espera a la exploración del espacio? ¡Los planes de la NASA nos llevarán incluso más lejos!

En 2023 se anunció un viaje tripulado a la Luna. Se definió que la misión duraría unos diez días. Los científicos quieren que los astronautas puedan producir agua, combustible y otros elementos necesarios para la vida. ¿Pasará mucho tiempo hasta que haya hogares en la Luna?

También hay planes de enviar astronautas a Marte en el año 2028. Esta misión sería mucho más larga. ¡Los astronautas podrían estar en la superficie del planeta durante 500 días!

En 2006, la nave New Horizons de la NASA comenzó un larguísimo viaje hasta el planeta enano Plutón, ubicado en los márgenes del sistema solar. Esta nave no tripulada finalmente llegó a Plutón en 2015 y envió imágenes y datos a la Tierra. Luego, obtuvo imágenes y datos de los planetas gigantes helados Urano y Neptuno. New Horizons sigue su camino y podría revelar muchas sorpresas sobre nuestro sistema solar y sobre el universo.

La NASA planea construir una base en la Luna para luego poder realizar una expedición tripulada a Marte.

¿Granjas en Marte?

¿Cómo puede lograr la NASA que una tripulación entera de astronautas ocupados se mantenga sana y coma bien durante los dos años que llevaría el viaje de ida y vuelta a Marte? Los científicos están refinando el proceso para sembrar ciertos cultivos, como papas y cacahuates, en invernaderos especiales.

Laboratorio: minivisor de constelaciones

Las constelaciones son patrones formados por estrellas. Hace siglos, los humanos usaron la imaginación para crear patrones de estrellas. Lo hicieron uniendo los puntos, como si fueran dibujos, en su cabeza. Basaron los nombres de las constelaciones en dioses antiguos, objetos y animales. Después de la actividad, busca constelaciones en el cielo nocturno.

Materiales

- envases plásticos pequeños (uno por cada constelación que quieras observar), similares a los que solían usarse para los rollos de película fotográfica de 35 mm
- tijeras
- cinta adhesiva
- chincheta
- patrones de constelaciones (pág. 29)
- papel
- bolígrafo

Procedimiento

1   Escoge una constelación de los patrones de la página 29. Dibuja el contorno y recórtala por la línea de puntos. (Si tienes una fotocopiadora, puedes usarla para copiar la constelación).

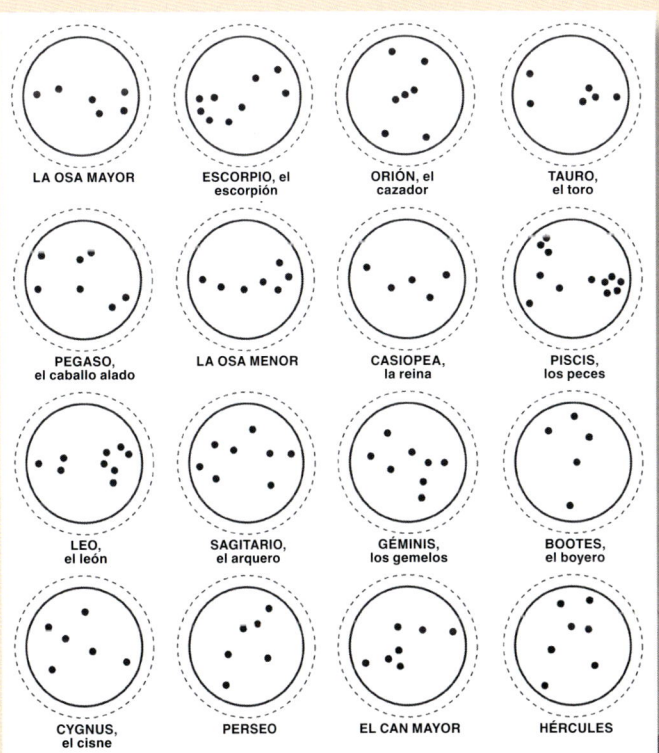

2 Pega el patrón en la base del envase.

3 Con una chincheta, haz un pequeño agujero en el papel y el envase por cada estrella del patrón.

4 Sostén el envase y obsérvalo contra la luz. La luz debería pasar por cada uno de los agujeros.

5 Quita el patrón del envase. Intercambia el envase con un compañero y fíjense si pueden identificar qué constelación escogió cada uno.

6 Trata de encontrar las mismas constelaciones en el cielo nocturno.

LA OSA MAYOR

ESCORPIO, el escorpión

ORIÓN, el cazador

TAURO, el toro

PEGASO, el caballo alado

LA OSA MENOR

CASIOPEA, la reina

PISCIS, los peces

LEO, el león

SAGITARIO, el arquero

GÉMINIS, los gemelos

BOOTES, el boyero

CYGNUS, el cisne

PERSEO

EL CAN MAYOR

HÉRCULES

Glosario

agujeros negros: regiones invisibles en el espacio con un campo gravitacional potente

astrología: la creencia de que la posición de los astros influye en los asuntos de los humanos

astronomía: el estudio del universo y objetos como la Luna, el Sol, los planetas y las estrellas

astrónomos: los científicos que estudian los objetos del espacio

atmósfera: una capa de gases que rodea algunos planetas y lunas

Big Bang: la teoría de que el universo surgió de una explosión repentina

cosmonauta: astronauta ruso

galaxias: conjuntos de millones de estrellas que se mantienen cerca unas de otras debido a la gravedad

Grandes Observatorios: cuatro satélites de la NASA; telescopios grandes y potentes creados para reunir información sobre el espacio

liofilizada: deshidratada por congelación

luz infrarroja: un tipo de radiación electromagnética con longitudes de onda mayores que la luz visible pero menores que las ondas de radio

materia: todo lo que ocupa espacio y tiene masa

Observatorio de rayos gamma Compton: el segundo de los cuatro Grandes Observatorios de la NASA; un satélite que se lanzó desde el transbordador espacial Atlantis en 1991

observatorios: lugares donde se pueden usar telescopios potentes para observar el espacio

órbita: el recorrido que hace un planeta, una luna u otro cuerpo celeste alrededor de otro

planeta enano: una masa esférica pequeña que gira alrededor del Sol, pero que no ha despejado otros objetos de su órbita y no es un satélite

planetas: los cuerpos celestes que giran alrededor de una estrella

Plutón: un planeta enano

rayos cósmicos: partículas que bombardean la Tierra desde fuera de la atmósfera

satélites: dispositivos que orbitan la Tierra y se usan para recibir y transmitir señales

sistema solar: un grupo de planetas u otros cuerpos que giran alrededor de una estrella (como el Sol)

sonda espacial: una nave no tripulada enviada al espacio para realizar investigaciones

transbordador espacial: nave estadounidense reutilizable

tripuladas: que incluyen pasajeros humanos

universo: todo lo que existe en cualquier lugar

Vía Láctea: la galaxia espiral donde está el sistema solar

Índice

agujero negro, 21

Apolo 11, 12

Armstrong, Neil, 12–13

astrología, 7

astronomía, 4–7

astrónomo, 4–6, 22–23

atmósfera, 15, 18, 20

Big Bang, 8–9

cosmonauta, 12

Estación Espacial Internacional (EEI), 16–17

Friendship 7, 10

Gagarin, Yuri, 12

galaxia, 4–5, 8, 21, 23

Grandes Observatorios, 20–23

luz infrarroja, 22–23

Marte, 15, 17, 26–27

materia, 8–9

misión no tripulada, 14–15, 26

misión tripulada, 14, 26–27

NASA, 12–13, 15, 20–22, 26–27

New Horizons, 26

Observatorio de rayos gamma Compton, 21

Observatorio de rayos X Chandra, 20–21

observatorios, 20–21, 24–25

Ochoa, Ellen, 15

Olsen, Gregory, 17

órbita, 14–15, 21

Pioneer 10, 13

planeta, 4–7, 10–11, 15, 18, 20, 26

Plutón, 15, 26

satélite, 11, 12–15

sistema solar, 22, 26

sonda espacial, 13, 15

Sputnik I, 12

telescopio espacial Hubble, 20–21

telescopio espacial Spitzer, 22–23

telescopios gemelos Keck, 25

Tereshkova, Valentina, 15

transbordador espacial, 12–13, 21

universo, 4–5, 8–10, 21, 23, 25, 26

Vía Láctea, 5, 23

Vostok 6, 15

Sally Ride Science™ es una innovadora empresa de desarrollo de contenido que se dedica a incentivar el interés de los jóvenes en las ciencias. Nuestras publicaciones y programas brindan a estudiantes y maestros la oportunidad de explorar el maravilloso mundo de las ciencias, desde la astrobiología hasta la zoología. Trabajamos para hacer que las ciencias cobren vida y para mostrarles a los jóvenes lo creativas, colaborativas, fascinantes y divertidas que pueden ser.